冰壶秋月

怀化出土窖藏金银器

编著

湖南省文物考古研究院

科技考古与文物保护利用湖南省重点实验室

怀化市博物馆

麻阳县滕代远纪念馆

文物出版社

图书在版编目（CIP）数据

冰壶秋月：怀化出土窖藏金银器／湖南省文物考古
研究院等编著． -- 北京：文物出版社，2025．6．
ISBN 978-7-5010-8794-5

Ⅰ．K876.432

中国国家版本馆 CIP 数据核字第 2025YG9871 号

审图号：湘 S（2025）017 号

金银器　怀化出土窖藏　冰壶秋月

Gold and
Silver Artifacts
Excavated from
Huaihua Cellar

湖南省文物考古研究院　科技考古与文物保护利用湖南省重点实验室
怀化市博物馆　麻阳县滕代远纪念馆　编著

责任编辑：杨冠华

责任印制：张　丽

书籍设计：特木热

出版发行：文物出版社

社　　址：北京市东城区东直门内北小街 2 号楼

邮　　编：100007

网　　址：http://www.wenwu.com

邮　　箱：wenwu1957@126.com

经　　销：新华书店

印　　刷：天津裕同印刷有限公司

开　　本：889mm×1194mm　1/16

印　　张：16.5

版　　次：2025 年 6 月第 1 版

印　　次：2025 年 6 月第 1 次印刷

书　　号：ISBN 978-7-5010-8794-5

定　　价：420.00 元

Gold and Silver Artifacts Excavated from Huaihua Cellar

Hunan Provincial Institute of
Cultural Relics and Archaeology

Hunan Provincial Key
Laboratory of Archaeometry
and Conservation Science

Huaihua Municipal Museum

Teng Daiyuan Memorial Hall in
Mayang County

Cultural Relics Press

总目录

插图目录

图版目录

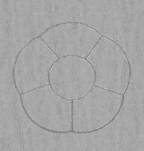

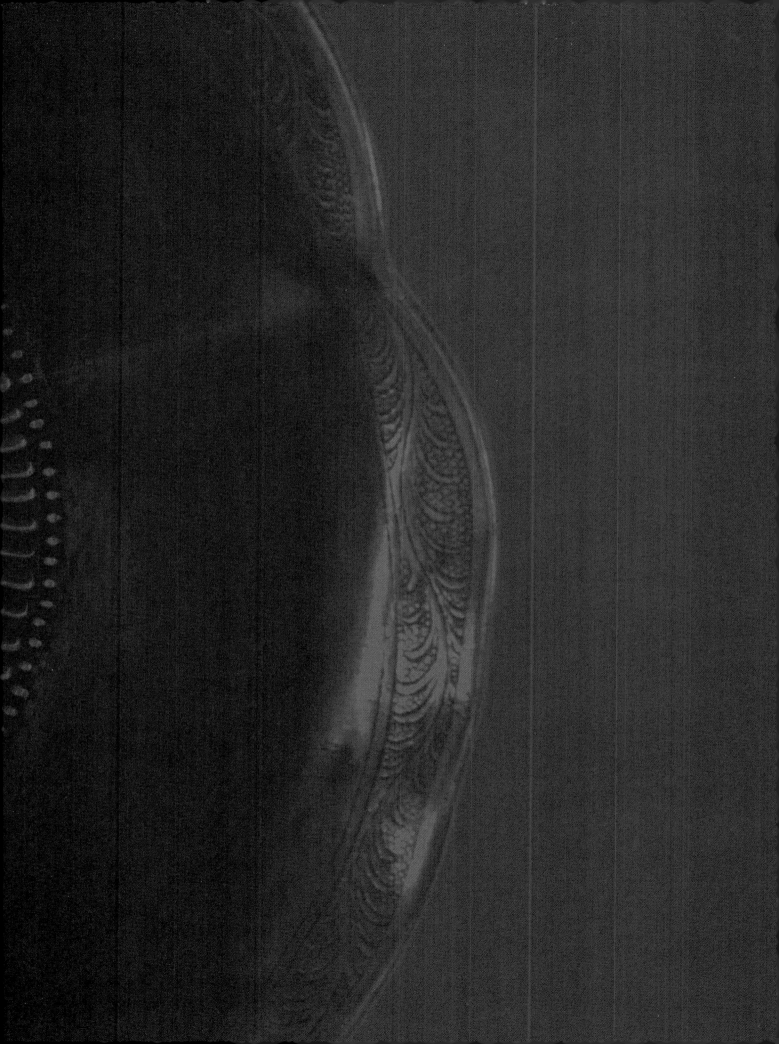

壹 概述

一九八二、一九八六及一九九三年，在怀化市通道县和麻阳县发现了三批窖藏金银器，文物部门收集到唐及明清之际金银器64件（套），其中唐代银器窖藏一处，为麻阳旧县，明清时期金银器窖藏两处，分别为通道瓜地和麻阳隆家堡。三处窖藏中，通道瓜地南明银器窖藏和麻阳旧县唐代银器窖藏此前分别进行了报道，其叙述与本书有出入处，当以本书为准。

（一）发现及征集经过

1. 通道瓜地窖藏银器

1982年12月，湖南省通道侗族自治县原江口公社（后为江口乡，现并入县溪镇）下水涌大队瓜地生产队（现为下水涌村第五村民小组）村民梁居安在挖地时发现一批窖藏银器，市、县文化部门即派干部前往调查清理。

这批银器埋藏在土坑内，坑小，稍呈圆形，深约50厘米。银器放置无规律，下层和上层置盘，余置中间。坑内泥土稍带黑色，似是纸或绢腐烂后所致。

共出土银器26件。在最初的报道中计为28件，其中所分Ⅱ式、Ⅲ式蟠桃杯及树枝1件实为1件双连桃杯的一部分从焊接处脱开，后修复。[1]

2. 麻阳旧县窖藏银器

1986年6月24日，麻阳县吕家坪镇唐方村熊生水兄弟在辰水河行船，经过地名旧县时，发现河岸被水冲垮的河坎上外露一陶罐，罐内装有银器28件。埋藏在河岸台地上距地表约1.5米深处。其土质黑润，带黏性。文物部门到达现场时，陶罐已被打碎，听说该陶罐是上半釉的褐色陶器，银器均放在罐内。罐内积满了水，由于长期被水浸泡，银器已呈黑灰色，但基本保存完好。[2]

银器由市、县两级文物部门收藏，其中10件收藏于怀化市博物馆，18件收藏于麻阳县博物馆（现为滕代远纪念馆）。

3. 麻阳隆家堡窖藏银器

1993年5月31日，麻阳县隆家堡乡卫生院从事基建工程时，两个民工挖出一金银器窖藏，出土约20多件金银器及散碎金银片。由于现场遭到破坏，其埋藏情况不明。出土后，2人将其中10件（套）金银器拿到怀化市博物馆请求鉴定。时任博物馆馆长舒向今及副馆长向开旺到场进行了鉴定，认为是明代金银器，因是出土文物，决定予以征收。后因各种原因，其余金银器未予追回。

除简报外，《湖南出土金银器》一书也曾对通道、隆家堡出土金银器有介绍，但内容较简略。型式划分、定名、重量、尺寸信息也与本书稍有差异。[3]特此说明。

---

[1] 怀化地区文物工作队、通道县文化局：《湖南通道发现南明窖藏银器》，《文物》1984年第2期，第88～92页。

[2] 怀化地区博物馆、麻阳县博物馆：《湖南麻阳县发现唐代窖藏银器》，《文博》1993年第1期，第52～56页。

[3] 喻燕姣：《湖南出土金银器》，湖南美术出版社，2009年。书中金银器信息沿用简报，本书金银器重量、尺寸为使用高精度电子秤和游标卡尺重新测量所得，故与此前略有不同。

（二）金银器埋藏环境

  三处窖藏分别位于沅水一级支流渠水和辰水右岸，大环境属沅水中上游，武陵山与雪峰山腹地。沅江，又称沅水，是湖南省湘、资、沅、澧四大河流中仅次于湘江的第二大河流。发源于贵州省，从西南向东北流经湖南，最后汇入洞庭湖。沅江主源清水江发源于贵州都匀市苗岭山脉斗篷山北麓谷江乡的西北中寨，在都匀称剑江，都匀以下称马尾河（或龙头江），至岔河口汇入重安江后始称清水江，为沅江上游，向东流至湖南省洪江市黔城镇与㵲水汇合后始称沅江，进入中游。

  麻阳县两处窖藏均位于辰水右岸，分别在今县城所在的上、下游。辰水，上游称锦江，发源于贵州省梵净山西麓的江口县德旺乡太子石，流经铜仁市，至漾头乡施滩进入湖南省麻阳县后称辰水。辰水流至辰溪县汇入沅水，属沅水中游地区。麻阳县地处湘西，西通巴蜀，南连滇黔。自古为水陆通道。

  通道县位于湖南省西南边陲，地界黔桂，脉连岭南，水通江沅。渠水是清水江进入湖南后接纳的第一条支流，也是清水江易名沅水前接纳的最后一条支流。渠水有东、西两源，西源为主源，源出贵州省黎平县地转坡，称播阳河，又称洪州河，向东至洪州镇入湖南通道县境内。东源称通道河，又名临口河，源出城步县南山大茅坪，西北流至绥宁县的丝毛坪入通道县境。从古到今，渠水是湘西南通往贵州、广西的咽喉地带（图1）。

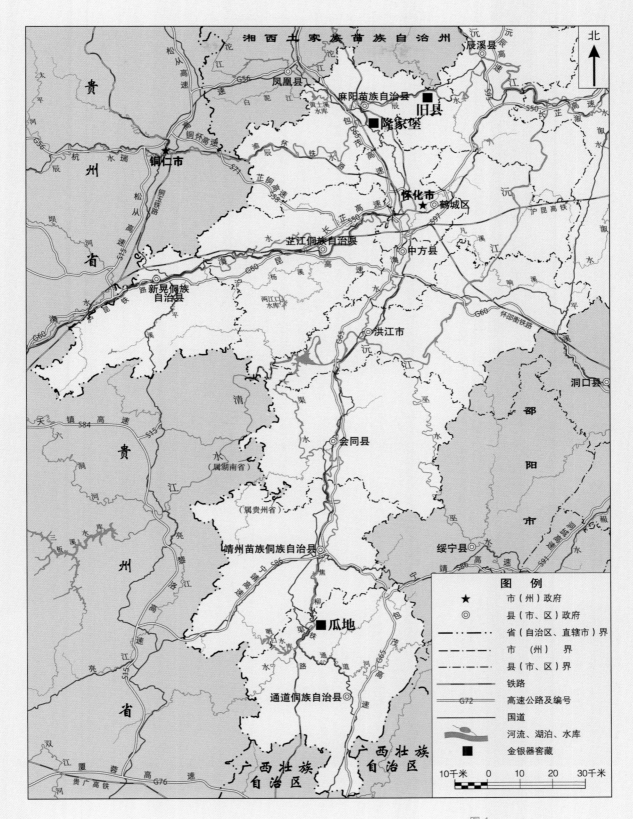

图 1

怀化市金银器窖藏位置示意图

冰壶秋月
—
怀化出土窖藏
—
金银器

图 2
麻阳旧县全景照（西—东）

1. 麻阳旧县

旧县村位于麻阳县城以东约 20 公里处的辰水南岸，地属黄桑乡，辰水又名锦河，为沅水一级支流。辰水于此处水域较宽，水流平缓，两岸为绵延起伏的丘陵岗地，河南岸（即旧县村所在）为河漫滩和缓坡地带，有较宽广的居住和耕种面积，属宽谷地貌。北岸无河漫滩，为较平缓的阶地（图 2）。

2. 通道瓜地

银器窖藏点位于靖州苗族侗族自治县与通道侗族自治县之间，通道县溪镇（通道老县城）北约10公里的渠水东岸，俗名"瓜地"。银器埋藏在梁居安老屋侧后的自留地内，地呈斜坡。此处渠水两岸山峦起伏，河谷较窄。间或有较平缓的坡地，杂有民居分布。瓜地一带山麓有一块狭长的台地，分布有一个村民小组（图3）。

3. 麻阳隆家堡

隆家堡乡位于麻阳县城以南约10公里处的辰水东岸，金银器窖藏地紧傍辰水。辰水两岸为较平缓的丘陵岗地，隆家堡为辰水边一条带状阶地，为隆家堡乡政府所在。河中有一长洲（图4）。

图 3
通道瓜地全景照（北—南）

图 4
麻阳隆家堡全景照（南—北）

麻阳旧县窖藏银器

麻阳旧县出土银器共28件，均为酒具，其中杯20件、碗7件、匜1件。杯、碗的区别主要为杯体较高较窄；碗体较矮较宽（以下藏品号前『怀』为怀化市博物馆，『麻』为麻阳县滕代远纪念馆）。

（一）杯

20 件。根据口、腹及圈足的区别，分二型。

A 型　19 件。基本形态为口、腹呈梅花形。深弧腹，平底。焊接高圈足。圈足较直，足沿外侈。均素面。根据口部差异，分二式。

I 式　12 件。敞口微侈。

1.藏品号：麻 202。口径 12.6、足径 8、高 8.6 厘米；重 146.3 克（图版 1、2；图 5、6）。

2.藏品号：麻 207。口径 11、足径 7.3、高 6.8 厘米；重 108.6 克。圈足较粗、较矮（图版 3、4；图 7、8）。

图 5　A 型 I 式银杯（麻 202）

图 6　A 型 I 式银杯（麻 202）

图 7　A 型 I 式银杯（麻 207）

图 8　A 型 I 式银杯（麻 207）

3. 藏品号：麻208。口径11.1、足径7、高7.25厘米；重117克。圈足较粗、较矮（图版5、6；图9、10）。

4. 藏品号：麻209。口径11.6、足径6.5、高7.2厘米；重98.3克（图版7；图11、12）。

5. 藏品号：麻210。口径11.4、足径7.1、高8厘米；重111.1克（图版8；图13、14）。

图9　A型Ⅰ式银杯（麻208）

图10　A型Ⅰ式银杯（麻208）

图11　A型Ⅰ式银杯（麻209）

图12　A型Ⅰ式银杯（麻209）

图13　A型Ⅰ式银杯（麻210）

图14　A型Ⅰ式银杯（麻210）

6. 藏品号：麻 211。口径 10.8、足径 6.1、高 7.4 厘米；重 94.4 克（图版 9；图 15、16）。

7. 藏品号：麻 212。口径 11.5、足径 6.4、高 7.1 厘米；重 97.1 克（图版 10；图 17、18）。

8. 藏品号：麻 213。口径 12.3、足径 6.15、高 8.2 厘米；重 110.6 克（图版 11；图 19、20）。

图 15　A 型Ⅰ式银杯（麻 211）

图 16　A 型Ⅰ式银杯（麻 211）

图 17　A 型Ⅰ式银杯（麻 212）

图 18　A 型Ⅰ式银杯（麻 212）

图 19　A 型Ⅰ式银杯（麻 213）

图 20　A 型Ⅰ式银杯（麻 213）

9. 藏品号：麻214。口径11.2、足径8.3、高7.3厘米；重111.9克。底残。圈足较粗、较矮（图版12；图21、22）。

10. 藏品号：怀0238。口径12.1、足径6.6、高8.8厘米；重129.5克（图版13、14；图23、24）。

11. 藏品号：怀0239。口径11.3、足径8.2、高7.8厘米；重126.3克。圈足较粗、较矮（图版15、16；图25、26）。

12. 藏品号：怀0240。口径12.4、足径8.5、高8.2厘米；重135.2克（图版17、18；图27、28）。

图21　A型Ⅰ式银杯（麻214）

图22　A型Ⅰ式银杯（麻214）

图23　A型Ⅰ式银杯（怀0238）

图24　A型Ⅰ式银杯（怀0238）

图 25　A 型 I 式银杯（怀 0239）

图 26　A 型 I 式银杯（怀 0239）

图 27　A 型 I 式银杯（怀 0240）

图 28　A 型 I 式银杯（怀 0240）

Ⅱ式　7件。敞口斜直。

1.藏品号：麻203。口径10.6、足径6.3、高7.3厘米；重120克（图版19、20；图29、30）。

2.藏品号：麻204。口径10.5、足径6.5、高7.8厘米；重130克（图版21、22；图31、32）。

3.藏品号：麻205。口径11.2、足径6.6、高8厘米；重125.6克（图版23；图33、34）。

4.藏品号：麻206。口径11、足径6、高8.1厘米；重124.5克（图版24；图35、36）。

5.藏品号：怀0234。口径10.8、足径7.3、高8.1厘米；重130克（图版25、26；图37、38）。

图29　A型Ⅱ式银杯（麻203）

图30　A型Ⅱ式银杯（麻203）

图31　A型Ⅱ式银杯（麻204）

图32　A型Ⅱ式银杯（麻204）

图33　A型Ⅱ式银杯（麻205）　　　　　　　图34　A型Ⅱ式银杯（麻205）

图35　A型Ⅱ式银杯（麻206）　　　　　　　图36　A型Ⅱ式银杯（麻206）

图37　A型Ⅱ式银杯（怀0234）　　　　　　　图38　A型Ⅱ式银杯（怀0234）

6. 藏品号：怀 0235。口径 14.1、足径 9、高 8.4 厘米；重 114.7 克。圈足分两段焊接，更高，足沿呈喇叭状外侈（图版 27、28；图 39、40）。

7. 藏品号：怀 0236。口径 10.7、足径 6.5、高 7.1 厘米；重 105.1 克。腹较浅（图版 29、30；图 41、42）。

图 39　A 型 II 式银杯（怀 0235）

图 40　A 型 II 式银杯（怀 0235）

图 41　A 型 II 式银杯（怀 0236）

图 42　A 型 II 式银杯（怀 0236）

B型 1件。

藏品号：怀0232。口长12.5、宽8、足径7、高7.4厘米；重86.5克。椭圆形盏盘，口略凹。敞口，斜弧壁，圜底。喇叭状高圈足较细。盏身作风荷形状，内壁以虚实相间线条錾刻荷叶纹理，口部四边作风吹荷叶边缘内卷状。造型别致（图版31、32；图43～45）。

图43　B型银杯（怀0232）

图44　B型银杯（怀0232）

图45　B型银杯（怀0232）

（二）碗

7件。根据口、腹形态和有无圈足差异，分两型。

A型　6件。上部形态同A型杯。口、腹呈梅花形。侈口，弧腹，矮圈足较宽，足沿外侈。

1. 藏品号：麻197。口径12、足径7.5、高6.4厘米；重124.5克。鎏金，脱落。器内錾刻花纹，凸出器外。内底边缘有连珠纹和齿状纹各一周，内底珍珠纹地，正中一浅浮雕蛇首鸟身动物，周围为缠枝花草。腹壁五梅花瓣中各一折枝菊花纹，菊花纹之间以带状叶脉纹连接。口内两周弦纹，弦纹间饰珍珠纹地，珍珠纹地上环绕一周草叶纹。圈足上横向錾刻一"谢"字（图版33～36；图46～49）。

图46　A型银碗（麻197）

图47　A型银碗（麻197）

图48　A型银碗（麻197）

图49　A型银碗（麻197）

2.藏品号：麻199。口径11.4、足径7.6、高6.5厘米；重112.5克。鎏金，脱落。圈足较麻197略高，似与器身非一体，应为修复新加。内底边缘一周连珠纹，连珠纹外一圈羽毛纹。内底珍珠纹地上浅浮雕两个长尾鹦鹉同向环飞，其间花枝缠绕。口内两周弦纹间饰珍珠纹地，珍珠纹地上环绕一周草叶纹。圈足残缺，脱焊（图版37、38；图50～52）。

图 50　A 型银碗（麻 199）

图 51　A 型银碗（麻 199）

图 52　A 型银碗（麻 199）

3. 藏品号：麻200。口径11.6、残高5.4厘米；重84.1克。圈足残。素面（图版39、40；图53、54）。

4. 藏品号：麻201。口径12.7、足径8.8、高6.9厘米；重162.6克。素面（图版41、42；图55、56）。

图53　A型银碗（麻200）

图54　A型银碗（麻200）

图55　A型银碗（麻201）

图56　A型银碗（麻201）

5.藏品号：怀 0233。口径 12.5、足径 8.3、高 7.1 厘米；重 151.4 克。鎏金，脱落。内底边缘有连珠纹和齿状纹各一周，连珠纹外一圈莲花纹。底珍珠纹地，正中浅浮雕摩羯纹，摩羯周围饰缠枝花草。口内两周弦纹间錾双线宽曲折纹，曲折纹内填珍珠纹，空白处补抽象花枝纹（图版 43 ~ 45；图 57 ~ 59）。

图 57　A 型银碗（怀 0233）

图 58　A 型银碗（怀 0233）

图 59　A 型银碗（怀 0233）

6. 藏品号：怀 0237。口径 11.7、足径 8.7、高 7.45 厘米；重 115.8 克。圈足外撇较甚。素面（图版 46、47；图 60、61）。

图 60　A 型银碗（怀 0237）　　　　图 61　A 型银碗（怀 0237）

B 型　1 件。

藏品号：怀 0231。口径 12.4、底径 4.2、高 4.55 厘米；重 121.4 克。圆形。敞口，斜直腹，平底。素面（图版 48、49；图 62、63）。

图 62　B 型银碗（怀 0231）　　　　图 63　B 型银碗（怀 0231）

（三）匜

1件。藏品号：麻198。口长20.9、宽15.9、残高7.4厘米；重215.9克。口、腹呈五莲瓣状。口微侈，斜直壁，平底。圈足残。口一侧向外伸出平口方流。素面（图版50、51；图64、65）。

图64　银匜（麻198）　　　　　　　　图65　银匜（麻198）

通道瓜地窖藏银器

通道瓜地出土窖藏银器共26件，均为酒具，其中盘11件，寿桃杯5件，双连桃杯1件，圆鼎5件，方鼎、斝、爵、酒船各1件。

（一）盘

11件。绝大多数为敞口，宽平折沿，浅弧壁，平底。均有錾刻花纹。根据口、底形态差异，分三型。

A型　9件。为主要形态。口、腹呈葵花形，底部中心向上凸起一圈，为盘盏组合之承盘，但窖藏中只见承盘而不见盏。口、腹葵花瓣又分六瓣、七瓣和八瓣三式。

I式　3件。口、腹呈六瓣葵花形。

1.藏品号：怀0220。口径14.8、高1.2厘米；重49克。鎏金，脱落。沿面花草纹一周，内底中央承台边缘十四片莲瓣纹一周，莲瓣外一周锯齿状纹，锯齿与莲瓣之间空白处填乳丁纹。莲瓣内为连珠纹和羽毛纹各一周。再内正中席纹地上一个"寿"字。底部承台外席纹地上与"寿"字对应各饰一鸾凤，鸾凤立于梅花树上或绕梅花树飞翔。"寿"字两侧分上下两栏錾献寿人名，一栏四人，两侧共十六人。右侧为："金学儒、梁养志、沈世能、简世隆、冯策、郝懋猷、张继先、宋景濂"；左侧为："李文选、梁以檀、张天爵、陶文炯、涷忠敏、杨时贵、邓美英、胡献儆"（图版52～54；图66～69）。

图66　A型I式银盘（怀0220）

图67　A型Ⅰ式银盘（怀0220）

图68　A型Ⅰ式银盘（怀0220）

图69　A型Ⅰ式银盘（怀0220）

2.藏品号：怀 0222。口径 16.4、高 1.3 厘米；重 81.9 克。沿面海浪纹一周，内底中央承台边缘为双龙纹圈带。底部承台外上方錾："靖州会馆学"。另三方錾献祝寿人名，下方："刘文化、付维基"；右侧："熊棐明、陈惟标、韦秉贤、张大贤、饶于策"；左侧："易经祖、熊鸣渭、张抢贤、宋士林"（图版 55、56；图 70、71）。

 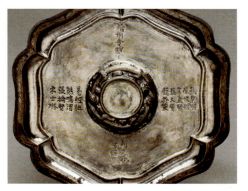

图 70　A 型Ⅰ式银盘（怀 0222）　　　　图 71　A 型Ⅰ式银盘（怀 0222）

3.藏品号：怀 0223。口径 16.5、高 1.5 厘米；重 90 克。沿面及承台鎏金，脱落。沿面花卉纹一周，内底中央承台边缘六个茧状图案，底部承台外上方珍珠地上饰太阳、云气、山石、树木及屋舍；下方珍珠地上饰云气、松柏、楼阁。楼阁似为衙署，前有石阶。石阶上方一婢为一官吏举掌扇立于门前，阶下依次有四个人，前一人跪地献物，后一人怀抱物品趋前，再后两人似官府侍从，举骨朵形仪仗随后。其所表现的主题应为献寿图。盘底两侧各分三列錾献寿人姓名，共 39 人。右侧为："周开新、俞汝台、杨附凤、陈新民、贾开相、丁世仁、张大捷、马弘基、梁弘图、阳秀实、胡太交、丁国瑞、龙应元、刘登榜、杨超鹖、毛顺萃、冯学时、肖葵芳、王尚卿、陈文鼎、刘应蛟"；左侧为："沈达科、胡大德、芮世芬、石有瑞、李天育、彭宗汤、李茂春、陈新极、沈世添、杨秀銮、陈方焕、胡应奎、张士瑜、王尚俊、舒大惠、李果珍、陈正瑜、沈良臣"（图版 57～61；图 72～77）。

图 72　A 型 Ⅰ式银盘（怀 0223）

图 73　A 型 Ⅰ式银盘（怀 0223）

图 74　A 型 Ⅰ式银盘（怀 0223）

图 75　A 型 Ⅰ式银盘（怀 0223）

图 76　A 型 Ⅰ式银盘（怀 0223）

图 77　A 型 Ⅰ式银盘（怀 0223）

Ⅱ式　4件。口、腹呈七瓣葵花形。无献寿人名。

1. 藏品号：怀0225。口径14.8、高1.15厘米；重90克。沿面及承台鎏金，脱落。沿面羽毛纹一周。内底中央承台边缘六个虺形图案，内一圈竹节状纹。底部承台外珍珠地上錾刻楼阁、人物、立鹤、奔鹿、松柏、湖石、芭蕉、瑞草等一周（图版62～64；图78～80）。

图78　A型Ⅱ式银盘（怀0225）

图79　A型Ⅱ式银盘（怀0225）

图80　A型Ⅱ式银盘（怀0225）

2. 藏品号：怀 0226。口径 14.7、高 1.2 厘米；重 87.5 克。沿面及承台鎏金，脱落。錾刻花纹布局及纹样与怀 0225 基本一致。底部承台外花纹图案略有差异，珍珠地上錾刻亭台、楼阁、人物、云鹤、奔鹿、杨柳、瑞草等（图版 65 ~ 67；图 81、82）。

3. 藏品号：怀 0228。口径 14.9、高 1.35 厘米；重 82 克。沿面錾交错牡丹花瓣一周。内底中央承台呈牡丹花形，外一圈连弧圈带。底部承台外珍珠地上錾刻亭台、莲池、荷花、湖石、喜鹊、芭蕉、山峰、太阳、树木等一周（图版 68、69；图 83、84）。

图 81 A 型 II 式银盘（怀 0226）

图 82 A 型 II 式银盘（怀 0226）

图 83 A 型 II 式银盘（怀 0228）

图 84 A 型 II 式银盘（怀 0228）

4. 藏品号：怀 0229。口径 14.4、高 1.15 厘米；重 83.6 克。沿面錾抽象羽毛纹一周。内底中央承台亦呈七瓣葵花形，内一周斜齿纹。底部承台外麻点地纹上散点式錾刻花瓶、香炉、折扇及文房四宝等（图版 70 ~ 72；图 85 ~ 87）。

图 85　A 型 II 式银盘（怀 0229）

图 86　A 型 II 式银盘（怀 0229）

图 87　A 型 II 式银盘（怀 0229）

Ⅲ式　2件。口、腹呈八瓣葵花形。无献寿人名。

1.藏品号：怀0224。口径15.6、高1.45厘米；重90克。沿面框格内錾梅花点一周。内底中央承台外圈为牡丹花叶纹，内圈珍珠地上折枝水仙。底部承台外珍珠地上各錾两个对称的莲花和牡丹花枝（图版73、74；图88、89）。

2.藏品号：怀0230。口径14.2、高1.2厘米；重90克。沿面羽毛纹一周。内底中央承台呈牡丹花形。底部承台外素地上錾一周八个流云飞鸟纹（图版75、76；图90、91）。

图88　A型Ⅲ式银盘（怀0224）

图89　A型Ⅲ式银盘（怀0224）

图90　A型Ⅲ式银盘（怀0230）

图91　A型Ⅲ式银盘（怀0230）

B 型　1 件。

藏品号：怀 0221。口径 13.3、高 1.4 厘米；重 85.4 克。口、腹呈七瓣葵花形。平折窄沿，浅弧壁，平底。内底錾高士独酌图，高士后一仆役举掌扇遮阳，前有几案，上置酒品。再前池塘、凫雁，幽兰、后树木上立有二莺，上有流云。左上题诗："三公不换一日，万卷何假百城，自课养凫莳药，辟人载酒听莺。"（图版 77、78；图 92、93）

图 92　B 型银盘（怀 0221）　　图 93　B 型银盘（怀 0221）

C 型　1 件。

藏品号：怀 0227。口径 14.6、高 1.6 厘米；重 68.8 克。沿面及承台鎏金。口、腹呈圆形，余同 A 型。沿面一周花草纹。内底中央承台外围隐起 16 个蝉纹和一周连珠纹，余素面（图版 79、80；图 94、95）。

图 94　C 型银盘（怀 0227）　　图 95　C 型银盘（怀 0227）

（二）寿桃杯

5件。杯平面呈桃形。似从中掰开的半个桃子将桃肉剜空，剩下皮壳。桃为福寿吉祥之物，是祝寿的佳品。敞口，弧壁，圜底。蒂部捶揲枝叶为握柄。除桃枝花叶有叶脉纹外，余为素面。4件内底錾献寿人名和祝词。

1.藏品号：怀0207。长10.4、宽7.65、通高3.75厘米；重70克。枝叶鎏金，脱落。蒂部桃枝两侧8片桃叶，上方两侧以银条卷作藤蔓。内底錾刻铭文："丙戌仲夏，奉贺党太公祖老大人千秋。治下廪监生高暹具。"（图版81～84；图96～99）

图96　银寿桃杯（怀0207）

图97　银寿桃杯（怀0207）

图98　银寿桃杯（怀0207）

图99　银寿桃杯（怀0207）

2. 藏品号：怀 0208。长 10.8、宽 8.6、通高 4 厘米；重 98.5 克。枝叶鎏金，脱落。蒂部有桃枝、桃叶和藤蔓。内底錾刻铭文："丙戌夏日，奉祝党翁老大人宪台寿。属下知县韦崇德具。"（图版 85、86；图 100～102）

图 100　银寿桃杯（怀 0208）

图 101　银寿桃杯（怀 0208）

图 102　银寿桃杯（怀 0208）

3. 藏品号：怀0216。长11.35、宽7.8、通高3.85厘米；重58.9克。枝叶及花瓣鎏金，脱落。蒂部有桃枝、桃叶，无藤蔓，捶揲一片桃花焊连于上方。外沿錾一周弦纹，弦纹内刻三角形排列的指甲纹一周，指甲纹空白处填羽毛纹。内底錾刻铭文："共祝：伍效忠、胡国安、徐中伦、贾陈贤、冯调。"（图版87、88；图103~105）

图103 银寿桃杯（怀0216）

图104 银寿桃杯（怀0216）

图105 银寿桃杯（怀0216）

4.藏品号：怀 0217。长 11.35、宽 8.25、通高 3.85 厘米；重 103.2 克。枝叶鎏金，脱落。蒂部有桃枝、桃叶和藤蔓。内底錾刻铭文同怀 0208："丙戌夏日，奉祝党翁老大人宪台寿。属下知县韦崇德具。"（图版 89 ～ 92；图 106 ～ 109）

图 106　银寿桃杯（怀 0217）

图 107　银寿桃杯（怀 0217）

图 108　银寿桃杯（怀 0217）

图 109　银寿桃杯（怀 0217）

5. 藏品号：怀 0218。长 10.2、宽 8.1、通高 4.65 厘米；重 95.7 克。枝叶鎏金，脱落。蒂部有桃枝、桃叶和藤蔓。无刻铭（图版 93、94；图 110～112）。

图 110　银寿桃杯（怀 0218）

图 111　银寿桃杯（怀 0218）

图 112　银寿桃杯（怀 0218）

（三）双连桃杯

　　1件。藏品号：怀0219。长12.5、宽12、通高6.6厘米；重127.5克。枝叶鎏金，脱落。桃枝分开两杈，有桃叶。左桃横置，为半桃，形制同寿桃杯。蒂部一镂空铜钱纹。内底錾刻铭文："治晚生林启祥，为弗翁党道台寿。"右桃为全桃，由两半焊连。上方正中镂空三个铜钱纹，余通体錾点状碎花（图版95～98；图113～116）。

图113　银双连桃杯（怀0219）

图114　银双连桃杯（怀0219）

图115　银双连桃杯（怀0219）

图116　银双连桃杯（怀0219）

（四）圆鼎

5件。基本形态为圆形，直口，平折厚沿，方唇，沿面弧顶方立耳。弧腹，圜底。柱状足或外撇螭形扁足。根据腹、足的差异，分二型。

A型　3件。柱状足。

1.藏品号：怀0206。通宽8.5、通高9.7厘米；重185.7克。浅直腹，底边有折。腹珍珠地上錾刻双鹿双鹤。足跟部錾刻蝉翼纹（图版99～102；图117～121）。

图117　A型银圆鼎（怀0206）

图118　A型银圆鼎（怀0206）

图119　A型银圆鼎（怀0206）

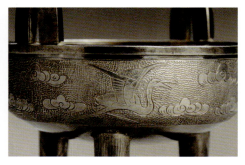

图120　A型银圆鼎（怀0206）

图121　A型银圆鼎（怀0206）

2.藏品号：怀 0212。通宽 8.75、通高 9.55 厘米；重 138.4 克。浅弧腹，底边圆转。腹部錾刻 6 只仙鹤及卷云纹，耳外侧錾刻云雷纹（图版 103 ～ 106；图 122 ～ 129）。

图 122　A 型银圆鼎（怀 0212）

图 123　A 型银圆鼎（怀 0212）

图 124　A 型银圆鼎（怀 0212）

图 125　A 型银圆鼎（怀 0212）

图 126　A 型银圆鼎（怀 0212）

图 127　A 型银圆鼎（怀 0212）

图 128　A 型银圆鼎（怀 0212）

图 129　A 型银圆鼎（怀 0212）

3.藏品号：怀 0213。通宽 9.15、通高 10.6 厘米；重 177.7 克。形态及纹饰均同怀 0212。双耳及三足略内聚（图版 107 ~ 110；图 130 ~ 136）。

图 130　A 型银圆鼎（怀 0213）

图 131　A 型银圆鼎（怀 0213）

图 132　A 型银圆鼎（怀 0213）

图 133　A 型银圆鼎（怀 0213）

图 134　A 型银圆鼎（怀 0213）

图 135　A 型银圆鼎（怀 0213）

图 136　A 型银圆鼎（怀 0213）

B型　2件。三足作虎食蟒形或螭形。上部形态大致同A型。

1.藏品号：怀0209。通宽7.9、通高9.25厘米；重132.1克。弧腹，腹、底交界处一周凸弦纹。足圆雕虎食蟒形，上部为虎首吞蟒，下部外撇为蟒尾。腹部珍珠地上浅浮雕10只鹿，或卧、或眠、或食草、或奔逐。鹿间浅浮雕山石、松柏、杨柳、流云、风铃等。耳外侧錾刻涡纹。内底錾刻铭文："弟曾守意为弗翁党老年太祝。"（图版111～116；图137～144）

图137　B型银圆鼎（怀0209）

图138　B型银圆鼎（怀0209）

图139　B型银圆鼎（怀0209）

图140　B型银圆鼎（怀0209）

图 141　B 型银圆鼎（怀 0209）　　　　图 142　B 型银圆鼎（怀 0209）

图 143　B 型银圆鼎（怀 0209）　　　　图 144　B 型银圆鼎（怀 0209）

2.藏品号：怀0210。通宽7.75、通高9.2厘米；重115.7克。沿边凹弧，浅弧腹，圜底。腹部对应双耳有竖向扉棱。三足作扁方螭形，与怀0209圆雕有别。腹部錾刻6只仙鹤及卷云纹（图版117~120；图145~149）。

图 145　B 型银圆鼎（怀 0210）

图 146　B 型银圆鼎（怀 0210）

图 147　B 型银圆鼎（怀 0210）

图 148　B 型银圆鼎（怀 0210）

图 149　B 型银圆鼎（怀 0210）

（五）方鼎

1件。藏品号：怀0211。口长8.2、宽6.45、通高10.2厘米；重257.5克。直口，平折沿，方唇，沿面弧顶方立耳，直腹，平底，柱状足。四角有扉棱，腹部每方边缘錾刻双方框，框内隐起连续菱花纹（图版121～123；图150、151）。

图150　银方鼎（怀0211）

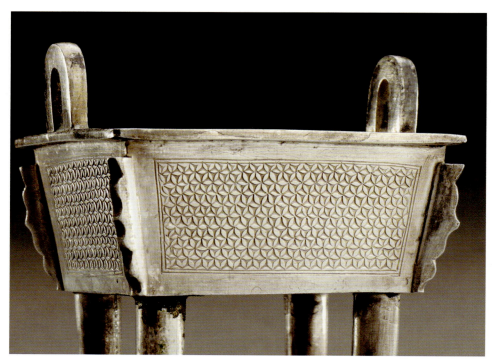

图151　银方鼎（怀0211）

（六）斝

1件。藏品号：怀0214。口径7.2、通宽10.4、通高7.6厘米；重114.1克。敞口，斜直壁，平底。腹两侧圆雕摩羯双把手，扁方螭形足，上部为螭身，下部外撇为螭尾。腹部上下留出宽边，纹带为珍珠地上前后各錾刻一莲花和牡丹花，耳侧錾刻梅花、竹叶和菊花（图版124～129；图152～159）。

图152　银斝（怀0214）

图153　银斝（怀0214）

图 154　银斝（怀 0214）

图 155　银斝（怀 0214）

图 156　银斝（怀 0214）

图 157　银斝（怀 0214）

图 158　银斝（怀 0214）

图 159　银斝（怀 0214）

（七）爵

1件。藏品号：怀0205。口长10.3、宽5.45、通宽7.5、高9.25厘米；重128.9克。口外鎏金。敞口，直腹，圜底。口部前有流，后有尾，两侧口内有柱。腹一侧有半环形把手，圆雕虎吞蟒三足，虎额刻似"王"非"王"字，蟒尾外翘为足。把手上下各錾两周弦纹以分区錾刻花纹。口外一周交错羽毛纹，其下珍珠地上流部外侧为牡丹、飞鸟，尾部外侧为莲花。腹部云雷纹地上前后各有两两相对的图案化似兔子的动物。把手外侧錾海浪纹。流口内錾刻铭文："丁亥仲夏，祝弗翁党公祖寿。治生胡尚益具。"（图版130～135；图160～169）

图160 银爵（怀0205）

图161 银爵（怀0205）

图162 银爵（怀0205）

图163 银爵（怀0205）

图 164　银爵（怀 0205）

图 165　银爵（怀 0205）

图 166　银爵（怀 0205）

图 167　银爵（怀 0205）

图 168　银爵（怀 0205）

图 169　银爵（怀 0205）

（八）酒船

1件。藏品号：怀0215。长13.8、宽6.65、高4.9厘米；重70克。器形作一瓣莲花形，后端茎部呈长圆弧形为鋬，外壁刻花瓣纹理，后端下方焊接一荷叶足以平衡莲舟（图版136～139；图170～174）。

图170　银酒船（怀0215）

图171　银酒船（怀0215）

图172　银酒船（怀0215）

图173　银酒船（怀0215）

图174　银酒船（怀0215）

麻阳隆家堡窖藏金银器

麻阳隆家堡出土金银器10件（套），金器（含银托银脚金器）及银器各5件（套）。器类有首饰及酒器等，器形有束发冠、簪、挑心、挑牙、步摇、耳环、耳勺、圆鼎等。

（一）金束发冠

1件。藏品号：怀1061。长9.4、宽7.4、高6.5厘米；重51.8克。冠体分为两段，顶圆弧形，以捶撲凸棱分作五段圆弧形。中腰亦以凸棱分隔，下沿卷边。冠前面打作对称的方折立檐，立檐两侧面上打出"卐"字纹。冠两侧连弧纹。冠下部前面及两侧各一圆孔，后面上下两圆孔，共五圆孔，用于插簪固发，两侧上部各有一个七眼花孔。冠前低后高（图版140～143；图175～179）。

图175　金束发冠（怀1061）

图176　金束发冠（怀1061）

图177　金束发冠（怀1061）

图178　金束发冠（怀1061）

图179　金束发冠（怀1061）

（二）金耳环

2只。藏品号：怀2179。其一长9.55厘米，重8.8克；其二长9.2厘米，重8.9克。两只形制相同。以薄金片簇成灯笼形坠，内穿圆金条，一端弯作圆环。柄上下以金片打成菊花形盖。金的成色较差，颜色灰暗（图版144、145；图180～182）。

图180　金耳环（怀2179）

图181　金耳环（怀2179）

图182　金耳环（怀2179）

（三）银托银脚金簪

3件。其中两件相同，为一对。分二式。

I式 2件，为一对，形态相同。

藏品号：怀2175。其一长13.8厘米，重13.4克；其二长13.85厘米，重12.6克。两支形制相同。簪首如掌扇，金簪首下为银托银脚。金簪首上打作四朵牡丹花和菊花，银簪脚上方錾点状如意云纹。银簪托上部一镂孔铜钱纹（图版146；图183、184）。

图183　I式银托银脚金簪（怀2175）

图184　I式银托银脚金簪（怀2175）

II式 1件。

藏品号：怀2176。长12.05厘米，重7.6克。以银材打制呈长琵琶形，前端弯曲扣住金簪首，簪首后背有窄条穿扣于银托上。金簪首呈倒水滴形，中有脊，上端錾一柿蒂叶片纹。银簪脚上方錾点状如意云纹。金簪首成色较差（图版147；图185、186）。

图185　II式银托银脚金簪（怀2176）

图186　II式银托银脚金簪（怀2176）

（四）银托银脚金挑心并挑牙

1套。藏品号：怀2177。挑心长11.4、宽3.75厘米，挑牙长5.9厘米，链条长30.1厘米；共重29.3克。挑心整体呈宫扇形，银托银脚，短脚作锥形，银托上端有环。金首打作牡丹、瓜实，以银钩和银丝与银托系联。银托正面錾"明试"二字，凸起于背面，银脚上方錾如意云纹。挑牙为圆锥形，上端有环，缠绕银丝五圈。挑心与挑牙上端的环上以一精致的银链条系联而成（图版148～151；图187～191）。

图187　银托银脚金挑心并挑牙（怀2177）

图188　银托银脚金挑心并挑牙（怀2177）

图189　银托银脚金挑心并挑牙（怀2177）

图190　银托银脚金挑心并挑牙（怀2177）

图191　银托银脚金挑心并挑牙（怀2177）

（五）银束发冠及银簪

　　1套。含冠1件，五连簪一副。冠，藏品号：怀1062。长10.2、宽8.4、高6.75厘米；重51.9克。五连簪，藏品号：怀2178。长分别为10.4、10.85、10.9、9.8、10.45厘米；共重56.7克。冠体基本同怀1061金束发冠。分为两段，顶圆弧形，以锤揲凸棱分作五段圆弧形。中腰亦以凸棱分隔，下沿凸边。冠前面打作对称的方折立檐，两侧连弧纹。冠两侧各一圆孔，后面正中上一孔，下二孔，前面无孔，共五圆孔，两侧上部各有一梅花形孔。冠前低后高。银簪五支，以银丝缠绕的链条系联在一起，其中四支间距大致相等，两支距离较近。五支簪形态一致，长短略别。为仰覆菊花顶，锥脚。束发冠戴于头上，五支簪插于冠的五个单孔内以固发（图版152～156；图192～197）。

图192　银束发冠（怀1062）

图193　银束发冠（怀1062）

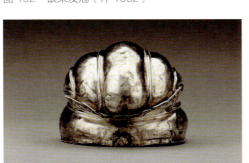

图194　银束发冠（怀1062）

图195　银束发冠（怀1062）

图196　银簪（怀2178）

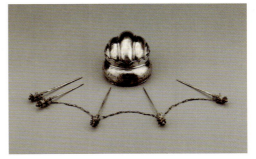

图197　银束发冠及银簪（怀1062、2178）

（六）银步摇

2件，形态相同。藏品号：怀2180。其一长15厘米，重10克；其二长15.1厘米，重8.6克。鎏金。步摇主体打作花枝一簇，花枝上以银丝绕作三支弹簧，弹簧顶端连接一鸣禽和两朵花苞。步摇下亦以弹簧银丝缠绕固定于簪脚上端。簪脚以银片打作凹弧形。女性佩戴于头上，莲步轻移，花枝乱颤，风姿绰约（图版157；图198、199）。

图198　银步摇（怀2180）　　　　图199　银步摇（怀2180）

（七）银耳勺

1件。藏品号：怀2181。长8.7厘米，重3.1克。勺柄打成银片，然后包卷呈菱形断面。分作两段，前段呈凹弧形，后段自交界处向下錾对称花茎纹（图版158；图200、201）。

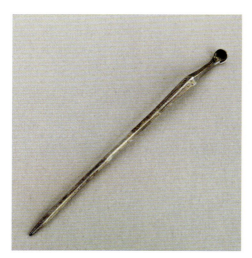 

图200　银耳勺（怀2181）　　　　图201　银耳勺（怀2181）

（八）银圆鼎

2件，形态相同。

1.藏品号：怀2173。通宽8.15、通高9.65厘米；重105.3克。直口，平折沿，方唇。弧腹较直，圜底。沿面对称方立耳内敛。三足打作虎食蟒形，上部圆雕虎口吞蟒，下部作蟒尾外翘形。腹部四等分錾菱花形开光，开光内錾麻点纹地，两侧各錾一卷云纹，中间各錾一字，对读为"眉寿百春"。四开光空白处錾仙鹤、莲花、卷云纹（图版159～164；图202～212）。

图202　银圆鼎（怀2173）

图203　银圆鼎（怀2173）

图204　银圆鼎（怀2173）

图205　银圆鼎（怀2173）

图206　银圆鼎（怀2173）

图207　银圆鼎（怀2173）

图 208　银圆鼎（怀 2173）

图 209　银圆鼎（怀 2173）

图 210　银圆鼎（怀 2173）

图 212　银圆鼎（怀 2173）

图 211　银圆鼎（怀 2173）

　　2. 藏品号：怀 2174。通宽 8.35、通高 9.6 厘米；重 106.9 克。形制、花纹纹样及布局、铭文等均同怀 2173（图版 165 ~ 168；图 213 ~ 218）。

图 213　银圆鼎（怀 2174）

图 214　银圆鼎（怀 2174）

图 215　银圆鼎（怀 2174）

图 217　银圆鼎（怀 2174）

图 216　银圆鼎（怀 2174）

图 218　银圆鼎（怀 2174）

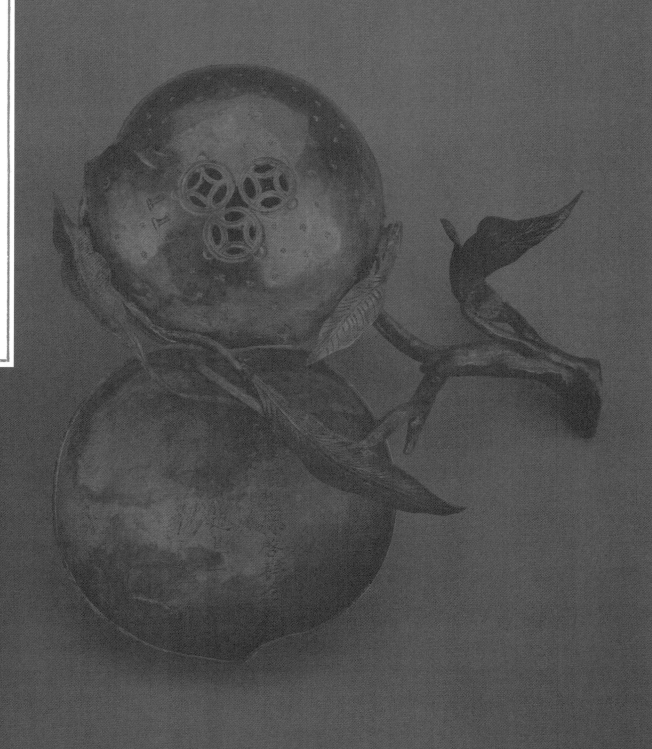

（一）窖藏年代

1. 麻阳旧县窖藏银器

其中 A 型杯的形态与浙江淳安县朱塔和陕西耀县背阴村窖藏所出银高足杯形态相同。原报道均认为所出银器的年代属晚唐时期。[1]齐东方先生在《唐代金银器研究》一书中定为 C 型杯，也认为"杯体呈明显的花瓣形并带粗壮高足的杯，是晚唐流行的样式，并一直流行到宋元时期"。[2]

B 型杯扬之水女史称之为酒船，视为金银酒船的早期样式。[3]齐东方先生称为"长杯"，但长杯的口部多呈多曲形。其中Ⅳ式高圈足长杯与此杯更为相似，只是圈足稍矮，口呈八弧椭圆形。关于此类器形的年代，扬之水女史说："麻阳旧县银器窖藏中的 1 件银荷叶纹酒船，时代约当晚唐五代"，"窖藏中的个别器物已与宋式接近，又其中 1 件花口盏，圈足有铭曰'谢'，这也是宋以前不很常见的做法。"[4]齐先生也认为："Ⅳ式长杯的形制变化较大，除了杯体较深外，高圈足是突出的特征。这种形制的瓷器在浙江临安光化三年（900）钱宽墓、天复元年（901）水邱氏墓中均有发现……因此，Ⅳ式长杯的时代应在 9 世纪后半叶"。"英国不列颠银长杯至少有 3 件，其中 1 件带'乾符四年（877）王大夫置造镇司公廨重二两半分'铭文。"齐先生所举材料都到了唐代末年。[5]

A 型碗也与江苏丹徒丁卯桥所出多曲银碗特征一致，齐东方先生认为其"为 9 世纪后半叶标准器物群中的遗物"，芝加哥荷叶纹多曲银碗及旧金山鹦鹉纹多曲银碗也具有相同的时代特征，"也均应是 9 世纪的作品"。[6]

银匜，相同的器形见于浙江临安县水邱氏墓中，原报告未附插图或照片，其描述称："五瓣花形，平底，口部有折棱箕形短流。"[7]没有描述圈足，

---

〔1〕 a.刘向群等：《陕西省耀县柳林背阴村出土一批唐代金银器》，《文物》1966 年第 1 期，图版柒，5、6；b.浙江博物馆：《浙江淳安县朱塔发现唐代窖藏银器》，《考古》1984 年第 11 期，图版肆，4。

〔2〕 齐东方著：《唐代金银器研究》，中国社会科学出版社，1999 年，第 45 页。

〔3〕 湖南省博物馆编：《湖南宋元窖藏金银器发现与研究》，文物出版社，2009 年，第 350 页。

〔4〕 湖南省博物馆编：《湖南宋元窖藏金银器发现与研究》，文物出版社，2009 年，第 350 页。

〔5〕 齐东方著：《唐代金银器研究》，中国社会科学出版社，1999 年，第 52、53 页。

〔6〕 齐东方著：《唐代金银器研究》，中国社会科学出版社，1999 年，第 75～78 页。

〔7〕 明堂山考古队：《临安县唐水邱氏墓发掘报告》，《浙江省文物考古所学刊》，文物出版社，1981 年，第 100 页。

但旧县所出是有圈足的，已残。然而齐东方先生在《唐代金银器研究》一书中所附线图是有圈足的。其形态与旧县所出完全相同。[1]据水邱氏墓出土残墓志考证，墓主人为镇海、镇东两军节度使钱镠之母，卒于唐末昭宗天复元年（901年）。当然，银器的制作时间要稍早，也应在晚唐时期。

综合各方面因素分析推测，麻阳旧县银器窖藏的年代应为晚唐至五代时期，其下限应不到北宋。

2. 通道瓜地窖藏银器

瓜地银器因有明确的人物线索和干支纪年，其制作年代很明确。其中10件錾刻有献寿人姓名和祝辞。这些银器都是送给"党公"的寿礼。"党公"何许人也？在铭文中有"弗翁党老年太""弗翁党公""党翁""弗翁党道台"等称谓。其中怀0222银盘上有"靖州会馆学"的铭文，是会馆学师生所送寿礼。又怀0208、怀0217寿桃杯上署"属下知县韦崇德"，由此可知"党公"与靖州有关，且官阶高于知县。

瓜地银器总体特征属于明清之际。在康熙《靖州志》卷四"明知州"下有："党哲，四川人，明末全节。"[2]光绪《靖州直隶州志·名宦传·党公传》叙述较为详细："公讳哲，四川人，崇正（祯）中以选拔知安化事……后升靖州道，经邑治攀辕者踵错于道。莅任后，闻闯贼犯阙，社稷为墟，忠义奋发，誓为国死。以故顺治四年，犹奉永历年号。是年八月，王师克武冈，桂王遂自靖州奔柳州。十月，王师克黎平，故明黎靖参将萧旷死之。公亦不屈，同时殉节，葬州西里许飞山庙右……平定后，赠太仆寺卿。"[3]

又：《南明史·列传第四十三》："上既行，（萧）旷与党哲督兵备守。（永历元年）十月，（刘）承胤驰书招降，大骂焚其书。俄而清兵大至，侍郎盖光英以土司兵来援，败走。（萧）旷与总兵姚友兴以短兵接，巷战力竭，自刎死。（党）哲亦不屈，死靖州。清兵遂屠黎（平）、靖（州）。""（党）哲，字弗庵，广元人。选贡。授安化知县……历长沙同知、靖州知州、副使，赠太仆少卿。"[4]

〔1〕齐东方著：《唐代金银器研究》，中国社会科学出版社，1999年，第117页。

〔2〕（清·康熙）祝钟贤、李大儒等纂修：《靖州志》卷四，《中国地方志集成·湖南府县志辑》（64），江苏古籍出版社、上海书店、巴蜀书社，2002年，第338页。

〔3〕（清·光绪）吴起凤、唐际虞等修纂：《靖州直隶州志》卷七，《中国地方志集成·湖南府县志辑》（64），江苏古籍出版社、上海书店、巴蜀书社，2002年，第499页。

〔4〕钱海岳撰：《南明史》卷六十七，中华书局，2006年，第九册第3244、3245页。

同治《安化县志·职官表》明知县有："党哲，四川拔贡。崇祯十五年任。"[1]
嘉庆《宁乡县志·职官志》明县令有："党哲，以安化令兼摄，加监纪、同知。
升靖州知州，死节。"[2]党哲同时兼任安化、宁乡两县的知县，两县相邻，
但距离并不近，党哲可能主要在安化。

然而，党哲家乡的方志——清道光《保宁府志》却忽略了他后来的经历，
只道："党哲，湖广安化知县。"[3]这不当是无意识的，应该是刻意为之，
不欲其为家乡"抹黑"，抑或害怕"惹事"。

由以上考述可知：铭文中的"弗翁党公"即党哲，字弗庵，四川保宁府广
元县人。明朝末年任安化、宁乡知县，应是南明时期（清初）任靖州知州，明
亡后，党哲继续追随南明政权，誓不降清，南明永历元年（清顺治四年，1647年）
十月死节。则银器上的干支纪年便为南明时期。怀0207寿桃杯上的"丙戌仲夏"，
怀0208、怀0217寿桃杯上的"丙戌夏日"，应是南明隆武二年（清顺治三年，
1646年）农历五月，怀0205爵上的"丁亥仲夏"应是下一年即南明永历元年（清
顺治四年，1647年）农历五月。这些银器是党哲最后两年的生日寿礼。党哲
的生日是农历五月的某日，这时清军尚未打到靖州。靖州吃紧在是年八月。在
四面楚歌中，党哲过完生日便命赴黄泉，江山也最终易主。

3. 麻阳隆家堡窖藏金银器

隆家堡窖藏主要为金银首饰，其中金银冠的形制略同浙江临海明王士琦墓
所出金丝福寿五梁冠，但金丝福寿五梁冠系用细金丝编织成冠体，更为精美，
金的成色也更纯。王士琦殁于万历四十六年（1618年），属明代晚期。[4]又
鼎的形态与通道瓜地银鼎形态更为一致，因而其窖藏年代应该到了明清之际。

（二）相关问题讨论

1. 通道瓜地窖藏银器与党哲宦迹的关系

通道瓜地出土银器共26件，以盘为主，11件，次为寿桃杯和圆鼎，各5件，

[1]（清·同治）曲育泉、方宗彬等纂修：《安化县志》卷十九，《中
国地方志集成·湖南府县志辑》（86），江苏古籍出版社，
上海书店，巴蜀书社，2003年第379页。

[2]（清·嘉庆）王余英、袁明曜纂修：《宁乡县志》卷七，北京
图书馆藏嘉庆刻本，页十七下。

[3]（清·道光）黎学锦、史观等纂修：《保宁府志》卷三十八，
影印道光元年木刻本，页十七下。

[4]扬之水：《王士琦墓出土金银器的样式与工艺》，《东方博物》
第二十八辑，浙江大学出版社，2008年，第6～17页。

余双连桃杯、方鼎、斝、爵、酒船各 1 件。A 型 I 式盘均錾刻有献寿人姓名，A 型 II 式、III 式及 B、C 两型均无献寿人姓名，应与 A 型 I 式为同一群人进献。

党哲何时知靖州，则可从铭文中窥出端倪。其中有"丙戌"纪年的均为银桃杯，与之对应的献礼人为韦崇德和高暹，这两人均见于嘉庆《安化县志》，前者为继党哲之后的安化知县，后者为安化明廪贡生。[1] 这说明南明隆武二年（清顺治三年，1646 年）五月党哲还在安化。韦崇德自称"属下知县"，一县不可能同时有两个知县，再说，同为知县乃属平级，也无上下可言。查嘉庆《安化县志》"明知县"下谓："党哲，四川拔贡，加本府同知，升知州。"[2] 说明这时党哲已经升为长沙府同知，但尚未离开安化，寿礼为安化僚属所赠送。

而丁亥年党哲的生日毫无疑义是在靖州所过。怀 0205 银爵铭文为"丁亥仲夏，祝弗翁党公祖寿，治生胡尚益具"。据康熙《靖州直隶州志》，胡尚益为明靖州贡士，曾官四川岳池县知县。[3]《岳池县志·职官志》"知县"下有："胡尚益，湖南靖州人，崇祯时任。"[4] 改朝换代了，胡尚益此时已卸篆回到家乡。另怀 0222 银盘上有"靖州会馆学"，怀 0223 银盘中的王尚卿为清初靖州贡士等。[5] 如此，瓜地银器乃为党哲先后两年所收寿礼，其寿诞分别在安化和靖州度过。由此推测，党哲应是顺治三年（1646 年）下半年就任长沙府同知，有顷，知靖州，并在靖州度过了最后一个生日。

2. 金银器埋藏特点与时代背景

（1）麻阳旧县窖藏银器的年代处在唐末五代时期，兵荒马乱，银器拥有者一般都是殷实人家，或生意人，或大户，或官吏。这种人鲜能忧国忧民，却最是患得患失。大难来时，首先想到的是保住自己的性命和财产。旧县处于河

---

〔1〕（清·嘉庆）牛中瀚、陶澍等纂修：《安化县志》卷十二、十三，嘉庆十六年刊本，页 5 上、页 21 下。

〔2〕（清·嘉庆）牛中瀚、陶澍等纂修：《安化县志》卷十二，嘉庆十六年刊本，页 4 下。

〔3〕（清·康熙）祝钟贤、李大矞等纂修：《靖州志》卷五，《中国地方志集成·湖南府县志辑》（64），江苏古籍出版社、上海书店、巴蜀书社，2002 年，第 363 页。

〔4〕（清·光绪）何其泰、吴新德等纂修：《岳池县志》卷十，光绪元年刊本，页 5 下。

〔5〕（清·康熙）祝钟贤、李大矞等纂修：《靖州志》卷五，《中国地方志集成·湖南府县志辑》（64），江苏古籍出版社、上海书店、巴蜀书社，2002 年，第 363 页。

流宽谷地带，这种地貌从古到今都是宜居之地。所谓"旧县"即以前的县治所在。据《麻阳县志》，南朝陈天嘉三年（562年），于今吕家坪镇溪口置麻阳戍。唐武德三年（620年），置麻阳县，治今旧县村。麻阳县名始此。后县名与治所更迭析并无常，宋熙宁八年（1075年）移治锦和，复名麻阳县至今，直到1953年才由锦和迁今治。[1] 则"旧县"应是唐、五代时期的麻阳县城所在。银器的主人应是城内的大户或官吏，在逃离之前将贵重物品就地埋藏。

（2）麻阳隆家堡窖藏金银器的年代也处在明清之际改朝换代的乱世中。隆家堡今为集镇，古代也应是烟火繁盛地，其地貌与旧县相似。推测也应是当地大户或官宦人家在逃离前就地掩埋。金银首饰为女眷奢侈品，两件银圆鼎为形制、花纹完全相同的一对，上錾"眉寿百春"四字，联系到在通道瓜地银器中鼎也是作为进献的寿礼。因而这两件鼎也极有可能为献寿物品。

（3）瓜地银器窖藏毫无疑问也属于这类情况，可能有些不同。窖藏在靖州与通道之间的渠水边，银器零乱地埋藏在一个坑里。当时的历史背景是：先是李自成揭竿，继而吴三桂易帜，崇祯皇帝煤山自缢，清军一路风卷残云。南明企图东山再起，各路藩王前赴后继，称帝易号，反清复明。自清顺治元年（1644年）始，先后称帝的有福王朱由崧、唐王朱聿键、朱聿鐭。顺治三年（1646年）十月，桂王朱由榔于广东肇庆称帝，次年（1647年）改元永历。朱由榔苦撑十八年，终究不能挽回颓势。永历元年（1647年）十月，靖州沦陷，党哲殉国。《南明史》谓清军曾屠城。党哲家眷携带细软仓皇出逃，应是从水路向南奔逃，因靖州城在渠水西岸，而银器埋藏在渠水东侧。南面当时还是南明的领地。很可能后面有追兵迫近，为不使宝物落入敌手，于是弃船上岸，将银器草草掩埋。既然已经带出，如非情急，是不会埋到这种地方来的。而且党哲及其家人随后很可能遭遇不测，但是宝物未被敌兵所获。

三处窖藏均位于水滨，而且金银器的年代均处在乱世。所不同者，瓜地窖藏地处荒郊野岭，而麻阳两处窖藏都在市井。说明后者藏宝虽也在夜深人静时，但相对从容一些，应该就在居所附近。本指望太平之后再行取回，但是由于多方面的缘故，或者藏宝者已经物故，或者记不清具体位置，或者属主远走他乡，再未归来等。总而言之，最终这批金银器都未能物归原主，直到数百、上千年以后才重见天日，为后人留下了可供研究的宝贵资料。尤其对于金银器的断代以及晚唐五代、南明历史背景的研究具有重要价值和意义。

---

〔1〕麻阳苗族自治县志编纂委员会编：《麻阳县志·大事记》，
　　三联书店，1994年，第9～32页。

A型 I 式银杯（麻202）

口径 12.6、足径 8、高 8.6 厘米　重 146.3 克

图版1　A型 I 式银杯（麻202）正视

图版 2　A 型 I 式银杯（麻 202）俯视

A 型 I 式银杯（麻 207）

口径 11、足径 7.3、高 6.8 厘米　重 108.6 克

图版 3　A 型 I 式银杯（麻 207）正视

图版 4　A 型 I 式银杯（麻 207）俯视

A 型 I 式银杯（麻 208）

口径 11.1、足径 7、高 7.25 厘米　重 117 克

图版 5　A 型 I 式银杯（麻 208）正视

图版 6　A 型 I 式银杯（麻 208）俯视

A 型 I 式银杯（麻 209）

口径 11.6、足径 6.5、高 7.2 厘米　重 98.3 克

图版 7　A 型 I 式银杯（麻 209）

A 型 I 式银杯（麻 210）

口径 11.4、足径 7.1、高 8 厘米　重 111.1 克

图版 8　A 型 I 式银杯（麻 210）

口径 11.4、足径 7.1、高 8 厘米　重 111.1 克

A 型 I 式银杯（麻 211）

口径 10.8、足径 6.1、高 7.4 厘米　重 94.4 克

图版 9　A 型 I 式银杯（麻 211）

A 型 I 式银杯（麻 212）

口径 11.5、足径 6.4、高 7.1 厘米　重 97.1 克

图版 10　A 型 I 式银杯（麻 212）

A型I式银杯（麻213）

口径12.3、足径6.15、高8.2厘米　重110.6克

图版11　A型I式银杯（麻213）

A 型 I 式银杯（麻 214）

口径 11.2、足径 8.3、高 7.3 厘米　重 111.9 克

图版 12　A 型 I 式银杯（麻 214）

A 型 I 式银杯（怀 0238）

口径 12.1、足径 6.6、高 8.8 厘米　重 129.5 克

图版 13　A 型 I 式银杯（怀 0238）正视

图版 14　A 型 I 式银杯（怀 0238）俯视

A 型 I 式银杯（怀 0239）
口径 11.3、足径 8.2、高 7.8 厘米　重 126.3 克

图版15　A 型 I 式银杯（怀 0239）正视

图版 16　A 型 I 式银杯（怀 0239）俯视

A 型 I 式银杯（怀 0240）

口径 12.4、足径 8.5、高 8.2 厘米　重 135.2 克

图版 17　A 型 I 式银杯（怀 0240）正视

图版 18　A 型 I 式银杯（怀 0240）俯视

图版19　A型Ⅱ式银杯（麻203）正视

图版 20　A 型 II 式银杯（麻 203）俯视

A 型 II 式银杯（麻 204）

口径 10.5、足径 6.5、高 7.8 厘米　重 130 克

图版 21　A 型 II 式银杯（麻 204）正视

图版 22　A 型 Ⅱ 式银杯（麻 204）俯视

A 型 II 式银杯（麻 205）

口径 11.2、足径 6.6、高 8 厘米　重 125.6 克

图版 23　A 型 II 式银杯（麻 205）

A 型 II 式银杯（麻 206）

口径 11、足径 6、高 8.1 厘米　重 124.5 克

图版 24　A 型 II 式银杯（麻 206）

A 型 II 式银杯（怀 0234）

口径 10.8、足径 7.3、高 8.1 厘米　重 130 克

图版 25　A 型 II 式银杯（怀 0234）正视

图版 26　A 型 Ⅱ 式银杯（怀 0234）俯视

A 型 II 式银杯（怀 0235）

口径 14.1、足径 9、高 8.4 厘米　重 114.7 克

图版27　A 型 II 式银杯（怀 0235）正视

图版 28　A 型 Ⅱ 式银杯（怀 0235）俯视

A型II式银杯（怀0236）

口径 10.7、足径 6.5、高 7.1 厘米　重 105.1 克

图版29　A型II式银杯（怀0236）正视

图版 30　A 型 II 式银杯（怀 0236）俯视

B 型银杯（怀 0232）

口长 12.5、宽 8、足径 7、高 7.4 厘米　重 86.5 克

图版 31　B 型银杯（怀 0232）正视

图版 32 B 型银杯（怀 0232）俯视及局部

A 型银碗（麻 197）

口径 12、足径 7.5、高 6.4 厘米　重 124.5 克

图版 33　A 型银碗（麻 197）正视

图版 34　A 型银碗（麻 197）俯视

图版 35　A 型银碗（麻 197）圈足錾字

图版 36　A 型银碗（麻 197）局部

A 型银碗（麻 199）

口径 11.4、足径 7.6、高 6.5 厘米　重 112.5 克

图版 38　A 型银碗（麻 199）俯视及局部

A 型银碗（麻 201）

口径 12.7、足径 8.8、高 6.9 厘米　重 162.6 克

图版 41　A 型银碗（麻 201）正视

图版 42　A 型银碗（麻 201）俯视

A 型银碗（怀 0233）

口径 12.5、足径 8.3、高 7.1 厘米　重 151.4 克

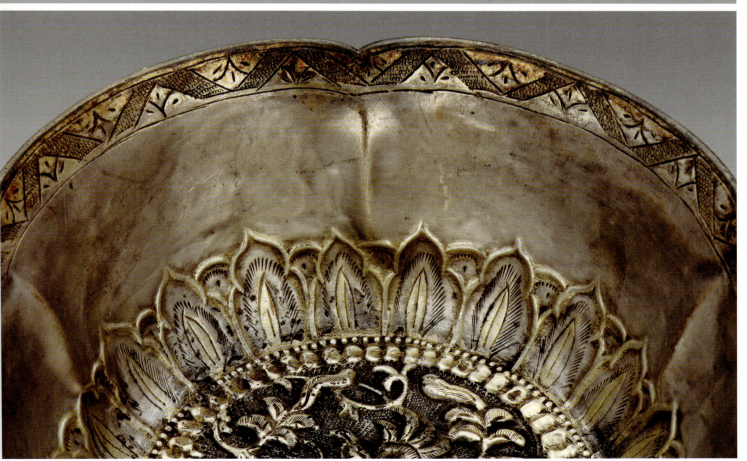

图版 44　A 型银碗（怀 0233）正视及局部

图版 45　Ａ 型银碗（怀 0233）局部

A 型银碗（怀 0237）

口径 11.7、足径 8.7、高 7.45 厘米　重 115.8 克

图版 47　A 型银碗（怀 0237）俯视

B 型银碗（怀 0231）

口径 12.4、底径 4.2、高 4.55 厘米　重 121.4 克

图版 48　B 型银碗（怀 0231）正视

图版 49　B 型银碗（怀 0231）俯视

银匜（麻198）

口长 20.9、宽 15.9、残高 7.4 厘米　重 215.9 克

图版50　银匜（麻198）正视

图版 51　银匜（麻 198）俯视

A 型 I 式银盘（怀 0220）

口径 14.8、高 1.2 厘米　重 49 克

图版53　A型Ⅰ式银盘（杯0220）局部

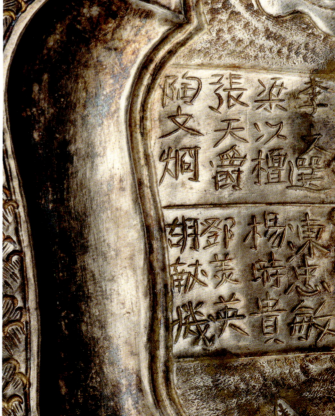

图版 54　A 型 I 式银盘（怀 0220）局部

A型I式银盘（怀0222）

口径16.4、高1.3厘米　重81.9克

图版55　A型I式银盘（怀0222）俯视

图版 56　A 型 I 式银盘（怀 0222）局部

A 型 I 式银盘（怀 0223）

口径 16.5、高 1.5 厘米　重 90 克

图版 57　A 型 I 式银盘（怀 0223）正视

图版 58　A 型 I 式银盘（怀 0223）俯视

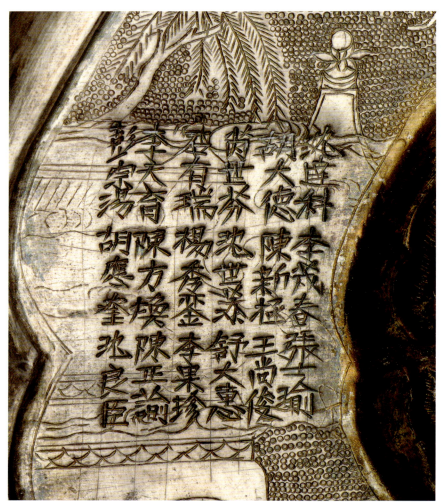

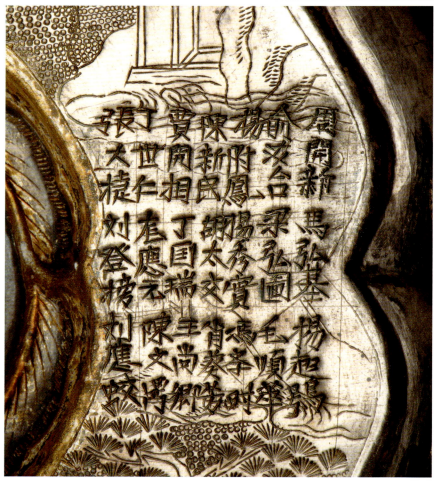

图版 59　A 型 I 式银盘（怀 0223）局部

图版 60　A 型 I 式银盘（怀 0223）局部

图版 61 A型大银盘（杯 0223）局部

A 型 II 式银盘（怀 0225）

口径 14.8、高 1.15 厘米　重 90 克

图版 62　A 型 II 式银盘（怀 0225）正视

图版 63　A 型 Ⅱ 式银盘（怀 0225）俯视

图版 64　A 型 II 式银盘（怀 0225）局部

A 型 II 式银盘（怀 0226）

口径 14.7、高 1.2 厘米　重 87.5 克

图版 65　A 型 II 式银盘（怀 0226）俯视

图版 66　A 型 Ⅱ 式银盘（怀 0226）局部

图版 67　A 型 II 式银盘（怀 0226）局部

A型Ⅱ式银盘（怀0228）

口径 14.9、高 1.35 厘米　重 82 克

图版68　A型Ⅱ式银盘（怀0228）俯视

图版 69　A 型Ⅱ式银盘（杯 0228）局部

A 型 Ⅱ 式银盘（怀 0229）

口径 14.4、高 1.15 厘米　重 83.6 克

图版 71　A 型 Ⅱ 式银盘（怀 0229）俯视

图版 72　A 型 II 式银盘（杯 0229）局部

A 型 III 式银盘（怀 0224）

口径 15.6、高 1.45 厘米　重 90 克

图版 74 A 型 III 式银盘（杯 0224）局部

A 型 Ⅲ 式银盘（怀 0230）

口径 14.2、高 1.2 厘米　重 90 克

图版75　A 型 Ⅲ 式银盘（怀 0230）正视

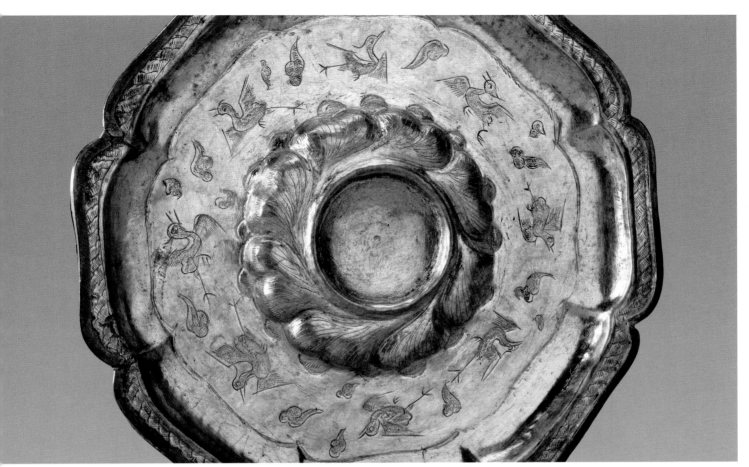

图版 76　A 型 III 式银盘（怀 0230）俯视及局部

B型银盘（怀0221）

口径 13.3、高 1.4 厘米　重 85.4 克

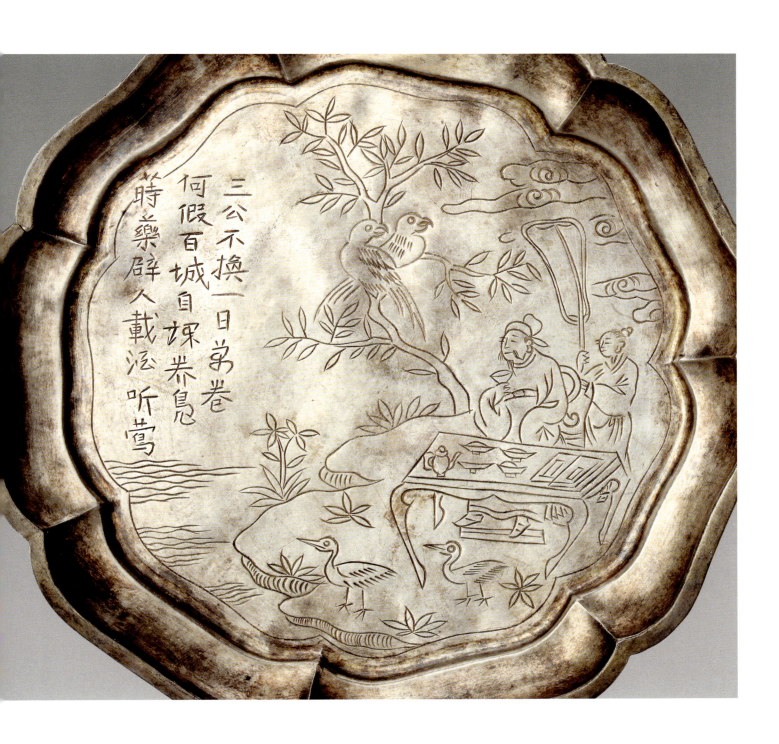

時藥辟人載泛聽鶯
何假百城自課養息
三公不換一日弟卷

图版 78　B 型银盘（怀 0221）局部

C 型银盘（怀 0227）

口径 14.6、高 1.6 厘米　重 68.8 克

图版 79　C 型银盘（怀 0227）正视

图版 80　C 型银盘（杯 0227）局部

银寿桃杯（怀 0207）

长 10.4、宽 7.65、通高 3.75 厘米　重 70 克

图版 81　银寿桃杯（怀 0207）侧视

图版 82　银寿桃杯（怀 0207）后视

图版 83　银寿桃杯（怀 0207）俯视

图版 84　银寿桃杯（杯0207）局部

银寿桃杯（怀 0208）

长 10.8、宽 8.6、通高 4 厘米　重 98.5 克

图版 85　银寿桃杯（怀 0208）侧视

图版 86　银寿桃杯（怀 0208）俯视及局部

银寿桃杯（怀 0216）

长 11.35、宽 7.8、通高 3.85 厘米　重 58.9 克

图版 88　银寿桃杯（怀 0216）俯视及局部

银寿桃杯（怀 0217）

长 11.35、宽 8.25、通高 3.85 厘米　重 103.2 克

图版 89　银寿桃杯（怀 0217）侧视

图版 90　银寿桃杯（怀 0217）俯视

图版 91　银寿桃杯（怀 0217）底视

图版 92　银寿桃杯（怀 0217）局部

银寿桃杯（怀0218）

长 10.2、宽 8.1、通高 4.65 厘米　重 95.7 克

图版 93　银寿桃杯（怀0218）侧视

图版 94　银寿桃杯（怀 0218）后视及底视

银双连桃杯（怀 0219）

长 12.5、宽 12、通高 6.6 厘米　重 127.5 克

图版95　银双连桃杯（怀 0219）侧视

图版 96　银双连桃杯（怀 0219）后视

图版 97　银双连桃杯（怀 0219）局部

图版 98 银双连桃杯（怀 0219）俯视

A 型银圆鼎（怀 0206）

通宽 8.5、通高 9.7 厘米　重 185.7 克

图版 99　A 型银圆鼎（怀 0206）正视

图版 100　A 型银圆鼎（怀 0206）局部

图版 101　Ａ型银圆鼎（怀 0206）局部

图版 102 A 型银圆鼎（怀 0206）局部

A 型银圆鼎（怀 0212）

通宽 8.75、通高 9.55 厘米　重 138.4 克

图版 103　A 型银圆鼎（怀 0212）正视

图版 104　A 型银圆鼎（怀 0212）局部

图版 105　A 型银圆鼎（怀 0212）局部

图版 106　A型银圆鼎（怀 0212）局部

A 型银圆鼎（怀 0213）

通宽 9.15、通高 10.6 厘米　重 177.7 克

图版 107　A 型银圆鼎（怀 0213）正视

图版 108　A 型银圆鼎（怀 0213）局部

图版 109　A 型银圆鼎（怀 0213）局部

图版 110　A型银圆鼎（怀0213）局部

B型银圆鼎（怀 0209）

通宽 7.9、通高 9.25 厘米　重 132.1 克

图版 111　B 型银圆鼎（怀 0209）正视

图版 112　B 型银圆鼎（怀 0209）局部

图版 113　B 型银圆鼎（怀 0209）正视

冰壶秋月
—
怀化出土窖藏
—
金银器

图版 114　B 型银圆鼎（怀 0209）局部

图版 115 B 型银圆鼎（怀 0209）局部及俯视

图版 116　B 型银圆鼎（怀 0209）局部

B 型银圆鼎（怀 0210）

通宽 7.75、通高 9.2 厘米　重 115.7 克

图版 117　B 型银圆鼎（怀 0210）正视

图版 118　B 型银圆鼎（怀 0210）正视

图版 119 B 型银圆鼎（怀 0210）局部

图版 120　B 型银圆鼎（怀 0210）局部

银方鼎（怀0211）

口长 8.2、宽 6.45、通高 10.2 厘米　重 257.5 克

图版 121　银方鼎（怀0211）正视

图版 122　银方鼎（怀 0211）局部

图版 123　银方鼎（怀 0211）局部

银斝（怀 0214）

口径 7.2、通宽 10.4、通高 7.6 厘米　重 114.1 克

图版124　银斝（怀 0214）正视

图版 125 银䥽（怀 0214）局部

图版 126　银斝（怀 0214）局部

图版 127　银斝（怀 0214）正视

图版 129　银斝（怀 0214）局部

银爵（怀 0205）

口长 10.3、宽 5.45、通宽 7.5、高 9.25 厘米　重 128.9 克

图版 130　银爵（怀 0205）正视

图版 131　银爵（杯 0205）后视

图版 132　银爵（怀 0205）局部

图版 133　银爵（怀 0205）前视

图版 134　银爵（怀 0205）局部

图版 135　银爵（怀 0205）局部

银酒船（怀0215）

长 13.8、宽 6.65、高 4.9 厘米　重 70 克

图版136　银酒船（怀0215）侧视

图版 137　银酒船（怀 0215）底视

图版 138　银酒船（怀 0215）侧视

图版 139　银酒船（怀 0215）侧视

金束发冠（怀1061）

长9.4、宽7.4、高6.5厘米　重51.8克

图版140　金束发冠（怀1061）侧视

图版 141　金束发冠（怀 1061）前视

冰壶秋月

—

怀化出土窖藏

—

金银器

图版 143　金束发冠（怀 1061）俯视及局部

金耳环（怀 2179）

其一长 9.55 厘米　重 8.8 克；其二长 9.2 厘米　重 8.9 克

图版 144　金耳环（怀 2179）

图版 145　金耳环（怀 2179）仰视及局部

I 式银托银脚金簪（怀 2175）

其一长 13.8 厘米　重 13.4 克；其二长 13.85 厘米　重 12.6 克

图版 146　I 式银托银脚金簪（怀 2175）

Ⅱ 式银托银脚金簪（怀 2176）

长 12.05 厘米　重 7.6 克

图版 147　Ⅱ 式银托银脚金簪（怀 2176）

图版148　银托银脚金挑心并挑牙（怀2177）

图版 149　银托银脚金挑心并挑牙（怀 2177）局部

图版 150 银托银脚金挑心并挑牙（怀 2177）局部

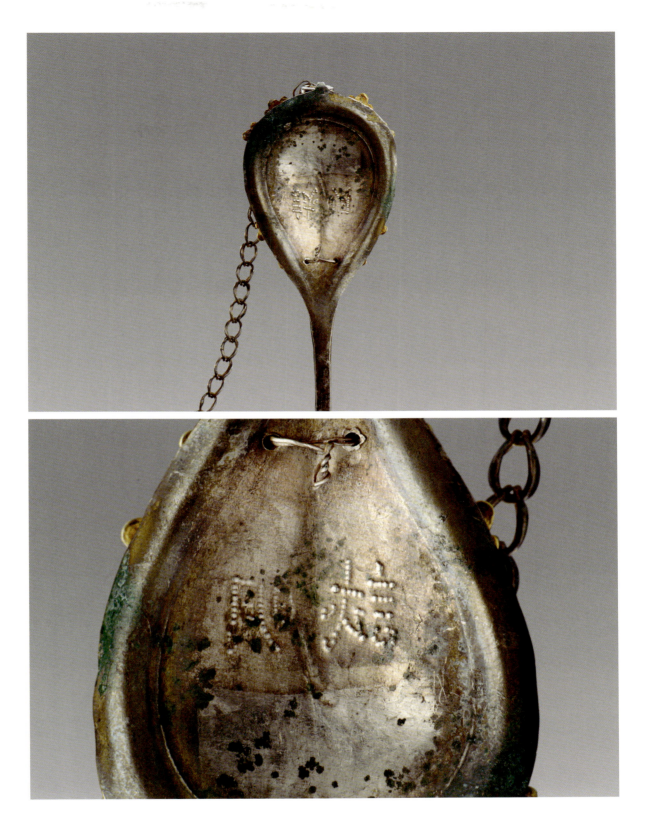

图版 151　银托银脚金挑心并挑牙（怀 2177）局部

银束发冠（怀 1062）

长 10.2、宽 8.4、高 6.75 厘米　重 51.9 克

银五连簪（怀 2178）

长分别为 10.4、10.85、10.9、9.8、10.45 厘米　共重 56.7 克

图版 152　银束发冠（怀 1062）侧视

图版 153　银束发冠（怀 1062）俯视

图版 154　银束发冠（怀 1062）前视

图版 155　银束发冠（怀 1062）后视

图版 156　银束发冠（怀 1062）及银五连簪（怀 2178）

银步摇（怀 2180）

其一长 15 厘米　重 10 克；其二长 15.1 厘米　重 8.6 克

图版 157　银步摇（怀 2180）

银耳勺（怀 2181）

长 8.7 厘米　重 3.1 克

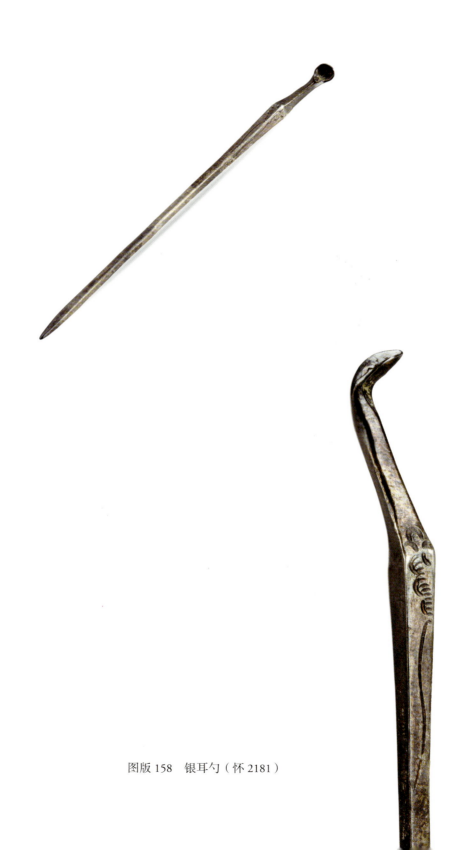

图版 158　银耳勺（怀 2181）

银圆鼎（怀 2173）

通宽 8.15、通高 9.65 厘米　重 105.3 克

图版 159　银圆鼎（怀 2173）正视

图版 160　银圆鼎（怀 2173）局部

图版 161　银圆鼎（怀 2173）局部

图版 162　银圆鼎（杯 2173）局部

图版 163　银圆鼎（怀 2173）局部

图版 164　银圆鼎（怀 2173）局部

银圆鼎（怀 2174）

通宽 8.35、通高 9.6 厘米　重 106.9 克

图版165　银圆鼎（怀 2174）正视

图版 166　银圆鼎（怀 2174）局部

图版 167　银圆鼎（怀 2174）局部

冰壶秋月
—
怀化出土窖藏
—
金银器

图版 168　银圆鼎（怀 2174）局部

后记

湖南省博物馆编撰的《湖南省出土宋元金银器》一书，收录了省博物馆及全省各市、州、县所藏宋元金银器，但因怀化所出窖藏金银器的年代不在这一年代范围内，而该书未予收录，这不无遗憾。但正因此，怀化窖藏金银器才获得了单独出版图录的机遇。

在湖南省文物考古研究院（原湖南省文物考古研究所）与怀化市博物馆联合整理编撰积压考古资料期间，获知怀化市曾出土了一批窖藏金银器，经向湖南省文物考古研究所原所长郭伟民汇报，郭所长同意出版图录。资料整理及出版经费由湖南省文物考古研究院承担，现任院长高成林负责整理和出版经费的筹集，谭远辉负责资料整理工作。因金银器分藏于怀化市博物馆和麻阳县滕代远纪念馆，该项目也获得了怀化市博物馆原馆长石磊及滕代远纪念馆原馆长郑伯阳的大力支持和积极协助。具体配合工作的还有：怀化市文化旅游广电体育局彭祖江；怀化市博物馆副馆长李莉、汪永江，原副馆长向开旺（退休），陈列部主任覃思捷，保管部唐莹、张馨文；麻阳县滕代远纪念馆副馆长滕树伟等。

本书编撰由谭远辉负责，谭远辉并负责重量及尺寸等信息采集，综述部分的撰写，照片的遴选，图版的编排等；杨盯负责器物拍摄。

文物出版社为本书高质量出版付出了辛勤努力。在此谨致谢忱。

编　　者

2022 年 5 月

冰壶秋月

金银器 怀化出土窖藏

Gold and
Silver Artifacts
Excavated from
Huaihua Cellar